NOTICE

BIOGRAPHIQUE

SUR

COLLET-DESCOSTILS;

PAR THÉOPHILE LOUISE.

CAEN,

CHEZ A. HARDEL, IMPRIMEUR-LIBRAIRE,

RUE FROIDE, 2.

1845.

NOTICE BIOGRAPHIQUE

SUR

HIPPOLYTE-VICTOR COLLET-DESCOSTILS.

Ingénieur en chef et professeur de Chimie au corps royal des mines, membre de l'Institut d'Égypte, des sociétés philomatiques, d'Arcueil et d'encouragement; correspondant de l'académie des sciences et arts de Munich; associé de l'acàdémie des sciences et belles-lettres de Caen, et membre non résidant de la société d'agriculture de la même ville.

Il est des hommes sur lesquels semble peser une triste fatalité. Leur vie tout entière d'abnégation et d'études sérieuses reste oubliée; la société qui les entoure accepte avec empressement le fruit de leurs veilles, comme un tribut qui lui est dû et fait son profit de leurs découvertes. Celle qui suit les reçoit à son tour avec indifférence. Peu lui importe que la difficulté des études, les circonstances politiques, souvent même une santé défaillante soient venues entraver dans sa marche une volonté énergique; elle recueille et applique les résultats obtenus par de savantes recherches et s'en tient là. On feuillette les biographies, leur nom ne s'y rencontre pas. Parmi ces hommes, on doit placer M. Hippolyte-Victor Collet-Descostils.

Hippolyte-Victor Collet-Descostils naquit à Caen, le 21 novembre 1773. Un oncle paternel qui voulut bien diriger son éducation, le mit au collège du Bois, où il eut pour professeur de physique, le père Adam. Le jeune Descostils, né avec un caractère positif et exact avant tout, négligea l'étude des langues anciennes, et malgré les sévères réprimandes de son père, avocat très-instruit et premier secrétaire de l'intendance de Poitiers, Démosthènes et Horace ne furent jamais ses maîtres favoris. Un instinct puissant qui le dominait, ne trouvait pas sa satisfaction dans leurs chefs-d'œuvre. Il lui fallait des études plus positives, toutes d'application. Aussi plus tard quand cet instinct se fut développé, s'étonnait-il qu'on pût embrasser la carrière du professorat, et cela il le disait à l'un des professeurs les plus distingués de cette ville, M. Thierry, qu'il comptait au nombre de ses bons amis. Il s'imaginait à tort qu'il existait dans ces fonctions un vague et une indécision qui les rendaient insupportables. A cette époque il y avait encore entre Paris et la province cette ligne de démarcation si profondément tracée dans les siècles précédents. L'aristocratie scientifique avait bâti là pour long-temps, — pour toujours peut-être, — la forteresse d'où elle dictait ses arrêts au monde savant. Aussi désespérant de vaincre cette volonté opiniâtre qui n'était que la conscience d'une vocation véritable, son père, qui n'était pas pour les moyens termes, se décida à lui donner pour maîtres ces professeurs éminents, sous lesquels se dessinerait tout d'abord ce qu'on devait attendre de lui dans la suite.

Il le conduisit donc à Paris en 1790 , vers le commencement de la révolution. Aux doctrines spéculatives et déclamatoires du XVIIIe. siècle succédait alors leur application ; application dont le but était noble, nécessaire, mais dont les moyens, il faut l'avouer, furent souvent odieux. La révolution, tout en renversant la Bastille et en restituant au peuple ses libertés , entraînait presqu'à son insu les esprits à des idées positives. Déjà les premiers germes qui devaient se développer bientôt et enfanter l'industrie , essayaient à sortir du chaos des théories et des doctrines. La science de Vauquelin, de Monge , de Berthollet et de Lavoisier était un laboratoire fécond d'où devait s'élancer avec le XIXe. siècle cette puissance nouvelle appelée peut-être à changer la face du monde matériel. On éprouvait le besoin de quitter une arène toute métaphysique pour entrer dans la sphère d'action. Aussi , emporté par ce tourbillon plus séduisant, le jeune Descostils, qui, quelques années plutôt, aurait peut-être accepté les utopies de Rousseau et de Diderot et combattu pour elles, recula devant leur application sanglante. Son cœur n'était pas celui d'un tribun, mais bien celui d'un savant. C'étaient les loisirs studieux des sciences exactes qu'il lui fallait avant tout. Il suivit donc les leçons de Vauquelin , alors professeur à l'Athénée pour la chimie, et celles de M. Charles pour la physique. Vauquelin découvrant dans son élève l'instinct du savant, cet autre *Divinior mens* qui a aussi sa poésie, l'accueillit dans son intimité, se lia avec lui d'une amitié inaltérable , et lui fit aimer passionnément une science qu'il cultivait déja avec succès. Cette bienveillance toute particulière de son compatriote, qui devint plus tard un des patriarches de la science, dut influer sur ses idées et décider complètement de sa vocation.

C'était au commencement des troubles de la révolution que Descostils faisait son entrée dans les sciences, et dès la fin de 1792, il fut obligé d'entrer comme novice dans la marine sur un petit bâtiment de l'Etat, d'où il passa ensuite sur un vaisseau stationné dans la rade de Cherbourg. Dans la tourmente révolutionnaire, après la journée du 10 août, dans laquelle s'écroula le trône, un des maîtres de la science, à coup sûr un des protecteurs de Descostils, venait d'être porté au ministère de la marine. Monge, dont les terribles épreuves qu'il avait sous les yeux ne dissipaient qu'imparfaitement les rêves généreux de perfectibilité qui fermentaient dans toutes les têtes, avait accepté ces hautes fonctions dans l'espoir de restituer au talent l'honneur qui lui était dû. C'était là pour Descostils un motif puissant de s'embarquer ; il avait de plus son penchant irrésistible vers les sciences d'application. La marine était donc, de toutes les carrières, celle qui, dans ces circonstances orageuses, devait lui être le plus favorable. Mais bientôt cédant aux conseils du Docteur Delaville, pour lequel il professa toujours une estime particulière, il demanda et obtint la permission de revenir à Paris. L'école Normale venait d'être créée, et aussi l'école Polytechnique. Une lumière plus pure commençait à rayonner sur les vérités scientifiques. L'école des mines de son côté avait été réorganisée. Descostils à son arrivée à Paris se détermina à concourir pour entrer comme élève à cette dernière école. Il y fut admis en 1794 et reçut la nouvelle de son admission en même temps que celle de sa nomination au grade d'aspirant dans la marine. Mais le choix ne fut pas long ; invinciblement entraîné vers l'étude, il sut renoncer aux avantages brillants que lui promettait sa nouvelle carrière, pour se livrer loin des hasards de la mer à ses travaux chimiques, qui pour être moins éclatants n'en étaient pas moins utiles.

Cependant après la ratification de Campo-Formio, le Directoire à qui les triomphes de Bonaparte et sa popularité faisaient ombrage, lui confia le commandement d'une expédition en Egypte, dont le but était tout-à-fait inconnu. Bonaparte mit à la voile en 1798, emmenant avec lui des savants et des artistes dévoués. Berthollet et Monge proposèrent à Descostils, alors âgé de 25 ans, de les accompagner. Cette proposition fut acceptée de grand cœur ; elle flattait assez la noble ambition du jeune Descostils. D'une part la société de Monge, ce père de *la Géométrie descriptive* et l'un des fondateurs de l'école Polytechnique, de l'autre celle de Berthollet, l'un des plus illustres de la pléiade scientifique, et puis le ciel de l'Egypte et les immortelles archives de cette terre féconde en souvenirs, tout semblait se réunir pour donner à cette exploration savante un cachet particulier qui devait exciter son enthousiasme de jeune homme. Après quarante jours de navigation, ils abordèrent en Egypte. Là les travaux se partagèrent. Une partie de la commission exhuma les monuments de l'antique Egypte, hiéroglyphes, papyrus,.. etc.. Une autre partie étudia les arts et l'industrie, et explora la situation matérielle de l'Egypte moderne. Pendant son séjour dans cette contrée brûlante, entouré de dangers sans cesse renaissants, Descostils n'en poursuivit pas moins ses recherches scientifiques. De concert avec Berthollet, il entreprit des travaux sur les propriétés tinctoriales du Hhenneh. Il fit aussi des recherches sur la fabrication du sel ammoniac dans ce pays, et développa le procédé qu'on y emploie pour la fabrication de l'indigo. Tous ces

travaux précieux furent consignés dans l'ouvrage que publia plus tard la commission d'Egypte. Un des plus importants est celui dont il rendit compte avec Berthollet dans un mémoire intitulé : *Observations sur les propriétés tinctoriales du Hhenneh* (Décade Egyptienne , tome II, année 1800). C'est à la suite de ces glorieuses explorations que fut organisé au Caire l'institut d'Egypte , dont Berthollet fut le secrétaire et l'interprète. Descostils y fut admis dès le principe, et s'en montra un des plus illustres membres. C'est à propos de cet institut et de ses trois représentants les plus distingués , que le général Berthier écrivait au ministre de la guerre : « On ne parle « pas des citoyens Monge et Berthollet ; ils sont partout , « s'occupent de tout et sont les premiers moteurs de « tout ce qui peut propager les sciences. » Au retour de cette expédition, on le désigna pour faire partie de la commission chargée de publier les résultats de ce mémorable voyage.

Depuis l'époque où il avait quitté la marine pour revenir à Paris en 1794, après la crise révolutionnaire, Descostils s'était spécialement occupé des sciences chimiques et des applications de cette science aux arts métallurgiques. Le sol de l'Egypte avait été pour lui un laboratoire merveilleux où l'élève assidu et chéri de Vauquelin était venu appliquer les leçons du savant professeur. Après cette campagne, il mérita par les talents distingués dont il fit preuve d'être appelé à succéder à son maître dans la place de conservateur des produits chimiques et de directeur du laboratoire de l'administration et de l'école des mines. Sa carrière dans ces nouvelles fonctions fut marquée par des travaux nombreux. On lui doit beaucoup d'analyses de minéraux. Il en fit un grand nombre pour des particuliers ; d'autres, et ce sont les plus nombreuses, furent inscrites sur les registres du laboratoire qu'il dirigeait à l'école. Plusieurs furent publiées dans les *Annales de chimie,* dans les *Mémoires de la Société d'Arcueil*, et dans le *Journal des mines.* Parmi ces dernières on remarque l'analyse des mines d'étaim de France et surtout de la Haute-Vienne. Il reconnut que la France possédait beaucoup de terrains stannifères, dont l'exploitation devait être une source de richesses.

On ignorait la cause de l'infusibilité de quelques mines de fer spathique, et la théorie des procédés en usage pour les rendre fusibles.

Descostils fit voir par une analyse exacte, que les minerais de fer spathique ne sont pas identiques, et que la qualité réfractaire de quelques-uns d'entr'eux est due à la forte proportion de magnésie qu'ils contiennent. En laissant ces derniers exposés à l'air pendant un long espace de temps, soit avant, soit après les avoir grillés, il se forme du sulfate de fer dont l'acide se combine ensuite avec la magnésie, et le nouveau sel est entraîné par les eaux de pluie ou de lavage. Il a conseillé, d'après cette théorie, pour accélerer la séparation de la magnésie, d'arroser les tas de mine grillée, avec des eaux chargées de sulfate de fer, qu'on peut se procurer très-aisément en grillant légèrement et en laissant effleurir les pyrites qui accompagnent ordinairement les filons de fer spathique. On sent, dit Gay-Lussac, combien ce procédé doit offrir d'avantages, puisqu'il permet d'enlever la magnésie en beaucoup moins de temps qu'on ne le fait ordinairement *(Journal des mines, vol. XXI, pag. 277).*

Plusieurs minéralogistes avaient réuni sous le nom de

fer argileux certaines espèces de minerai de fer. Descostils a prouvé que ce minerai est du fer carbonaté terreux,
dont le gisement est remarquable en ce qu'il accompagne
presque toujours la houille, et que, daus les lieux où il
se rencontre seul, le terrain a les caractères de celui
qui renferme ordinairement ce combustible (*Journal des
mines, vol. XXXII, pag.* 361).

Descostils s'était beaucoup occupé de l'alun et des di-
vers sulfates d'alumine. Il avait obtenu des résultats très-
remarquables, dont il avait fait part à Gay - Lussac;
mais il n'a rien écrit de spécial sur cet objet. C'est en
s'occupant de l'alun et en faisant passer du chlore dans
du sulfate d'alumine et d'ammoniac qu'il aperçut le
chlorure d'azote dont M. Dulong a le premier annoncé
l'existence et constaté la nature. Il avait remarqué dans ce
composé fulminant la propriété de se solidifier par le re-
froidissement ; mais il avait différé d'en faire un examen
particulier (*Journal des mines, vol. XXXIII, pag.* 351).

Nous pourrions citer avec plus de détails et en plus
grand nombre les travaux de Descostils ; mais il serait
difficile de leur donner un retentissement plus vaste que
celui qu'ils ont obtenu auprès des hommes spéciaux, depuis leur publication. Nous nous bornerons à indiquer
quelques résultats.

Entraîné de préférence vers la métallurgie, il remédia
aux pertes énormes que l'on éprouvait en décomposant
la galène, et établit qu'il y aurait de l'avantage à la dé-
composer par une substance qui absorberait le soufre
sans donner naissance à aucun produit gazeux. (*Mémoires d'Arcueil, vol. II, pag.* 424.)

Plusieurs chimistes avaient fait des recherches sur la
chaux maigre, entr'autres Bergman et Guyton ; Descostils

rectifie leurs travaux, donne une idée exacte de la *chaux maigre*, et indique les conditions que l'on doit remplir pour en former de toutes pièces. Il explique par la présence de la silice, qui se rencontre en proportion considérable dans les pierres calcaires, la solidité qu'elle acquiert si promptement sous l'eau *(Journal des mines, vol. XXXIV, page* 308 *)*.

Ce sont surtout les travaux docimastiques de Descotils qui rendent son nom recommandable aux savants et aux mineurs. Ses recherches et ses découvertes en chimie lui ont également assigné un rang distingué.

Son mémoire le plus important est relatif à la cause des couleurs qu'affectent certains sels de platine. (*Ann. ch. vol. XLVIII, page* 153. *)* Il a démontré que ces couleurs sont dues à la présence d'un métal particulier que M. Tennant a désigné depuis sous le nom d'*Iridium*, et qui se trouve aussi dans le résidu que laisse le platine en se dissolvant dans les acides. Ces résultats du plus haut intérêt ont enrichi la chimie d'un nouveau corps simple et suffiraient seuls pour recommander le nom de Descostils à la postérité.

Dans les mémoires de la Société d'Arcueil *(vol. I, page* 370 *)*, Descotils a donné une note sur la purification du platine qui a contribué à faire baisser le prix de ce métal précieux.

En répétant l'expérience de M. Chenevix sur le platine, il reconnut qu'on pourrait fondre ce métal avec le borax sans le secours du mercure, et qu'en le dissolvant dans les acides on obtenait l'acide borique. Ce platine fusible est un véritable *borure*. D'autres métaux lui avaient présenté, en combinaison avec le borax, les mêmes phénomènes que le platine ; on doit donc le regarder comme ayant le premier formé des borures.

Dans ses recherches sur le platine, il vit que le charbon avait la propriété de se combiner avec ce métal, de le rendre fusible et de diminuer sa densité. (*Ann. de chim.*, *vol. LXVII, p. 86.*)

Au milieu de cette activité puissante qui se développait en dotant la science de bienfaits inappréciables, il fut élevé au grade d'ingénieur en chef au corps royal des mines. Cet honneur bien mérité vint le surprendre en 1809 parmi ses travaux. Il accepta ce nouveau grade avec reconnaissance et n'en poursuivit pas moins ardemment sa marche. Ces nouvelles fonctions lui facilitèrent même les moyens de satisfaire plus largement ses goûts. En Italie les célèbres mines de la Tolfa près de Rome réclamaient des soins particuliers. Descostils fut chargé en 1813 d'aller les inspecter et les organiser. Il eût été difficile de s'adresser mieux pour cette mission importante. Il partit donc pour l'Italie, où il portait les lumières de sa longue expérience.

Le vaste établissement nommé village des *Alunières*, est situé sur le territoire de la Tolfa à 4 ou 5 kilom. ouest de cette commune et à 15 kilom. N.-E. de *Civita-Vecchia*. La découverte de ces riches mines d'alun eut lieu en 1458 sous le Pontificat de Paul II, par Jean de Castrel qui écrivait à ce propos : « J'ai trouvé six montagnes si « remplies d'alun qu'elles pourraient suffire aux besoins « de cet univers, pourvu qu'on les administrât avec « précaution (1). »

Malheureusement cette précaution ne fut pas toujours observée. Les monticules qui forment les environs de la Tolfa sont élevés de 5 à 600 mètres au-dessus du ni-

______
(1) Leur produit s'élevait à 600,000 kilog. d'alun.

veau de la mer. La nature des diverses couches de terrain
varie avec l'élévation. On rencontre d'abord du grès, du
schiste, plus haut du calcaire compact parfois mélangé
à du schiste argileux. Enfin on arrive à la couche qui
renferme l'aluminite. C'était là le pays que Descostils
avait mission d'explorer. Déjà Vauquelin et Klaproth
avaient publié des recherches sur les alunières. Aussi
Descostils se crut-il dispensé de faire aucun travail chi-
mique sur le minerai de la Tolfa. Ses expériences nombreuses portèrent toutes sur la mine d'alun de Montione
dans la principauté de Piombino, dont la nature
était moins connue. Il en trouva le minerai composé des
mêmes éléments, « Cette mine, suivant lui, a l'aspect de la
« Tolfa; elle est très-blanche et ne présente que de
« légères traces d'oxide rouge de fer dans les fissures
« qui traversent les masses dont elle est composée. L'alun
« qu'elle produit est aussi estimé dans le commerce que
« celui de Rome, etc. » Puis vient la description des
travaux. Toutes ces expériences jetèrent une vive lumière sur la théorie de la formation de l'alun, et con-
tribuèrent puissamment au développement de cette bran-
che d'industrie. Une partie des résultats de ses travaux
et de ses observations dans ce voyage, fut insérée dans
le premier volume des *annales des mines*.

Enfin, au commencement de 1815, Descostils fut nommé directeur provisoire de l'école royale des mines. Une
pareille promotion, malgré l'infériorité relative de son
grade, témoignait assez de la haute considération et de
la confiance entière qu'il avait su mériter. De plus, il
fut appelé au comité consultatif des arts et manufactures
établi près le ministère de l'intérieur, et au conseil d'administration de la société d'encouragement pour l'indus-

trie nationale. Depuis long-temps il avait conçu le projet
de faire un traité de chimie docimastique ; ce devait être
un recueil de remarques et de faits isolés , d'autant plus
précieux qu'un pareil ouvrage manque entièrement , et
que personne n'était plus que lui capable de le composer. Mais depuis plus de dix ans, quoiqu'il fût dans
toute la vigueur de l'âge , il lui fallait lutter contre une
cruelle maladie , qui , jointe aux travaux du laboratoire
et aux fatigues de ses voyages, épuisait sourdement ses
forces. Enfin , au moment où il arrivait aux charges les
plus éminentes , et se disposait à contribuer, plus largement encore que par le passé , à l'édifice de la science,
auquel son talent et son zèle avaient tant apporté dans
une si courte carrière , il mourut à Paris , le 6 dé-
cembre 1815 , d'une péritonite chronique, âgé seulement
de 42 ans.

Descotils était un de ces hommes privilégiés qui sem-
blent nous être proposés pour modèles. Sa vie est un
double enseignement plein de cette noble ambition
qu'enfante un talent supérieur ; il fit voir qu'il n'est point
d'obstacles pour une volonté puissante qui a la conscience de sa force. A une époque où les fureurs révo-
lutionnaires et la chûte d'un trône entraînaient l'anar-
chie scientifique, où le niveau de Robespierre passait sur
tous les ordres de la société , il sut s'abstenir , — ce qui
dans de pareils temps est la vertu du sage(1) , — et pour-
suivre à l'écart ses studieuses méditations. Certes,
lorsque des intérêts aussi puissants étaient en jeu, lors-
qu'il s'agissait d'une régénération sociale, il fallait sentir

(1) « Agricola..... gnarus temporum , quibus inertia pro sapientia
fuit » Tacite, vie d'Agricola.

en soi le souffle invincible du *Dieu* pour fermer son oreille
et son cœur au bruit de ces violentes commotions. Plus
tard en Egypte et en Italie, comme dans son laboratoire
de l'école des mines, il remplit sa tâche avec ce noble
dévouement, avec cette constance irréprochable qui
n'appartient qu'à l'homme éminent et cela malgré les souf-
frances d'une longue maladie dont il ressentait depuis
long-temps les symptômes.

Dans la vie privée il a donné l'exemple de toutes les
vertus; bon fils, il entourait de respect et d'affection son
père qui lui a survécu ; excellent père, il prodiguait les
plus tendres soins à ses enfants auxquels il a légué
un nom honoré par ses travaux et ses nobles qualités ;
époux dont la tendresse ne s'est jamais démentie, il a
laissé à sa femme de pieux souvenirs dont le temps n'a
pu affaiblir la douceur et la tristesse ; cœur franc et
loyal, il se montra toujours dévoué à ses amis ; d'un
caractère élevé et indépendant, il sut dans toutes les
occasions garder cette sage mesure qui, tout en offrant
le plus de probabilités pour la vérité, en offre aussi le plus
pour le bonheur. Surpris au milieu d'une carrière hono-
rable et pleine de promesses, il mourut avec le calme
religieux d'un homme de bien.

Bientôt grâce au zèle éminemment patriotique du
digne chef de notre Académie et à la protection éclairée
qu'il accorde à toutes les gloires scientifiques et littérai-
res, le buste de Descostils viendra autour des Malherbe
et des Laplace grossir ce cortège de savants auquel la
ville de Caen a su préparer une hospitalité reconnaissante.

(Extrait de la Revue de Caen, novembre 1845.)